For Nourí
The 'light' of my life
Núr : Light : نور

Pronunciation Guide©

Persian	English	Pronunciation
اَ	a	**a**nt
آ	á	**a**rm
ب	b	**b**at
د	d	**d**og
اِ	e	**e**nd
ف	f	**f**un
گ	g	**g**o
ه	h	**h**at
ح	h	**h**at
ی	í	m**ee**t
ج	j	**j**et
ک	k	**k**ey
ل	l	**l**ove
م	m	**m**e
ن	n	**n**ap
اُ	o	**o**n
پ	p	**p**at
ق	q/gh*	me**r**ci
ر	r	**r**un
س	s	**s**un
ص	s	**s**un
ث	s	**s**un

Persian	English	Pronunciation
ت	t	**t**op
ط	t	**t**op
و	ú	m**oo**n
و	v	**v**an
ی	y	**y**es
ذ	z	**z**oo
ز	z	**z**oo
ض	z	**z**oo
ظ	z	**z**oo
چ	ch	**ch**air
غ	gh*	me**r**ci
خ	kh*	ba**ch**
ش	sh	**sh**are
ژ	zh	plea**s**ure
ع	'	uh-oh†

*	: guttural sound from back of throat
†	: glottal stop, breathing pause
ّ	: Indicates a double letter
ً	: Indicates the letter n sound
لا	: Indicates combination of letter l & á (lá)
ای	: Indicates the long í sound (ee in meet)
ایـ	: Indicates the long í sound (ee in meet)
(...)	: Indicates colloquial use

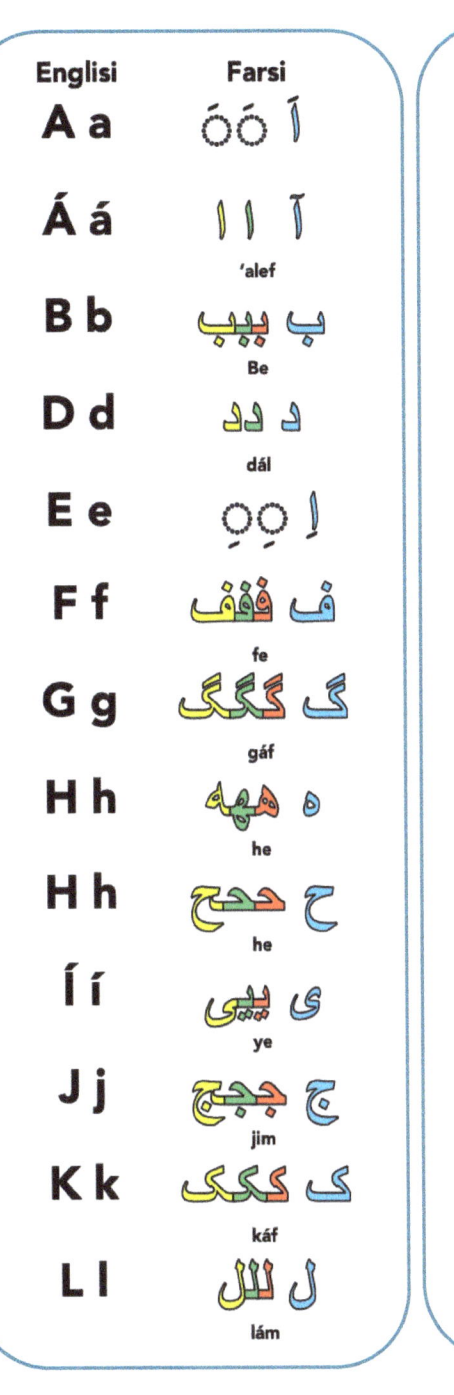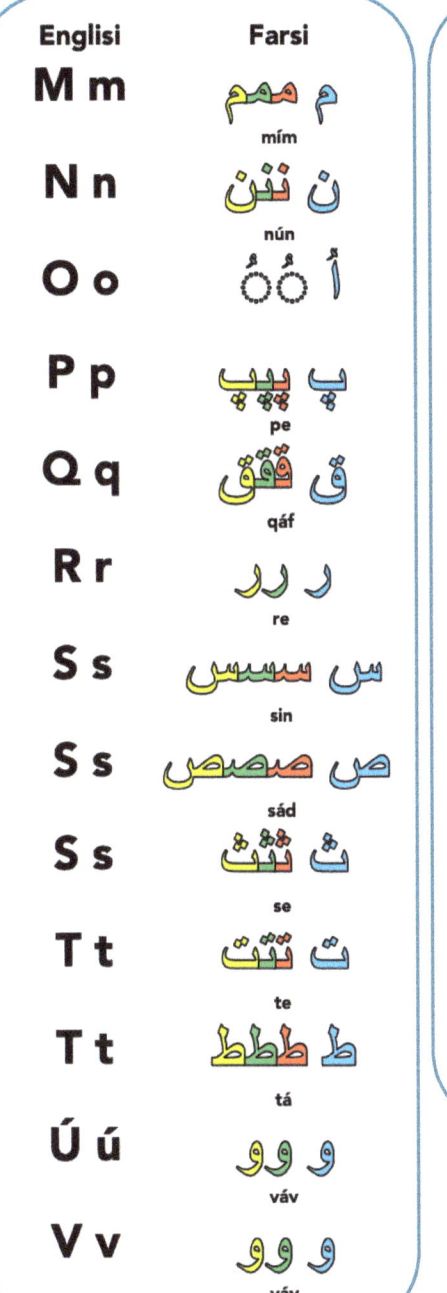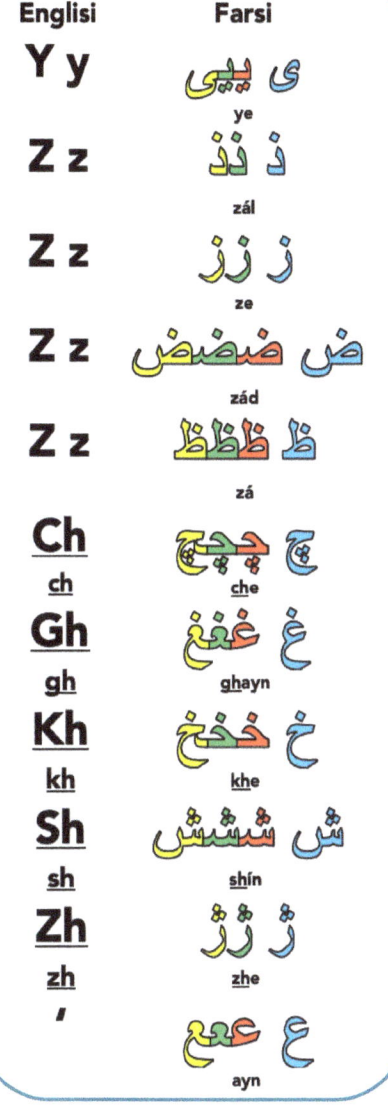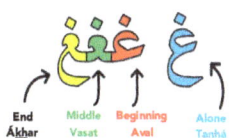

The Persian A, B, D's
(because there is no C in Persian)

We want to simplify your Persian learning journey as it is such a unique & enigmatic language. There are 32 official Persian letters. The letters change form depending on their position in a word or when they appear separate from other letters. For example, the letter ghayn غ has four ways of being written depending on where it appears in any given word:

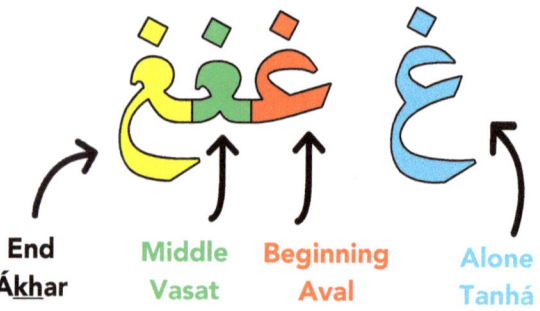

End Ákhar   **Middle** Vasat   **Beginning** Aval   **Alone** Tanhá

It is important to note that Persian books are read from right to left (←). There are 7 separate/stand-alone letters that do not connect in the same way to adjacent letters (these will not be depicted in red). They are:

Stand alone Tanhá vámístan

The short vowels a, e & o are usually omitted in literature and are depicted by markings above & below letters (ـُ ـَ). They are not allocated a letter name, unlike their long vowel counterparts á: alef, í: ye & ú: váv (و ی آ).

white

sefíd

سِفید

í: as (ee) in m<u>ee</u>t

yellow

zard
زَرد

black

síáh

سیاه

í: as (ee) in m<u>ee</u>t
á: as (a) in <u>a</u>rm

black

meshkí

مِشکی

í: as (ee) in m<u>ee</u>t

red

qermez

قِرمِز

red

sorkh
سُرخ

brown

qahve í

قَهوِه ای

í: as (ee) in m<u>ee</u>t

[silent h / ه]

orange

nárenjí

نارِنجی

á: as (a) in **a**rm
í: as (ee) in m**ee**t

blue

ábí
آبی

á: as (a) in <u>a</u>rm
í: as (ee) in m<u>ee</u>t

navy blue

[indigo : nílí : نیلی]

sorme í

سُرمِه ای

í: as (ee) in m<u>ee</u>t

[silent h / ه]

green

sabz
سَبز

pink

súratí

صورَتى

ú: as (oo) in m<u>oo</u>n
í: as (ee) in m<u>ee</u>t

purple/violet

banafsh

بَنَفش

grey

khákestarí
خاکِستَری

á: as (a) in arm
í: as (ee) in meet

pale

kam rang
گَم رَنگ

bold

por rang
پُر رَنگ

gold

taláyí

طَلایی

á: as (a) in arm

silver

noqre í
نُقرِه ای

[silent h / ه]

rainbow

rangín kamán
رَنگَین گَمان

í: as (ee) in m<u>ee</u>t
á: as (a) in <u>a</u>rm

[Englísí] English	Fínglísí	[Fársí] Persian
white	sefíd	سِفید
yellow	zard	زَرد
black	síáh	سیاه
black	meshkí	مِشکی
red	qermez	قِرمِز
red	sorkh	سُرخ
brown	qahve í	قَهوِه ای
orange	nárenjí	نارِنجی
blue	ábí	آبی
navy blue	sorme í	سُرمِه ای
indigo	nílí	نیلی
green	sabz	سَبز
pink	súratí	صورَتی
purple/violet	banafsh	بَنَفش
grey	khákestarí	خاکِستَری
gold	taláyí	طَلایی
silver	noqre í	نُقرِه ای
rainbow	rangín kamán	رَنگِین گَمان

www.ingramcontent.com/pod-product-compliance
Lightning Source LLC
Chambersburg PA
CBHW040728020526
44107CB00085B/2959